바람의 길

바람의 길

오삼록 시집

Poems by Oh Sam Rok

동학사

■ 시인의 말

말이 사라져 갑니다
눈과 손가락으로
소통하는 시댑니다
함께 문장을 만들고
싶습니다
시로 통하는 길이였음
합니다

2015년 가을
오삼록

바람의 길 오삼록 시집

1

2

3

1

유행

들판에선
미꾸라지가
배를 보이며 뒤집어졌다

농부는 천연스러웠다
개구리가 죽고 왜가리가 죽는
유행은, 병이 아니었다
상식이었다 위험한 시대를
망해가는 대책없는 물논이었다
농약을 치는 일이 곧, 해충을 구하는
이로운 것이었다
주사한대에 뚝 그치는 몸살기
같은 것이었다
이삭만 고개숙이면 그만이었다
황금물결도 농약이 이룬 유행이었다

어쩌다, 훌훌 일어나는
늦잠같은 상식이었다

무정란

군의병 출신
무면허 의사 성불구씨는
잦은 왕진으로
색시를 서운케 했다
왕진다닌 사연이 주막의 춘향이라
작심한 색시,
딴짓을 하고 다닌다며
그것을 잘라 내던져 버렸다
절구공이 같은게 피를 흘리며
보리밭을 펄떡거리자
알을 품은 새파란 종달새가
하늘을 솟구치며 딸깍딸깍
목메어 울었다
둥지에 품은
두 개의 무정란을 두고 제발
나 닮은 노고지리 한 마리는 주시오
했다

불알 없는 이, 들판은 어찌 초록으로
어찌 가꿀 것이요
그렇게 들리는
봄,

단풍놀이

저녁밥을 먹을때였습니다
많이 드세요. 아주버님
빤히 들여다 보는
제수씨도 낯설지만
수저가 닿지않는
갈치구이 였습니다
노모의 갈치가 두토막이나
올라 있었습니다

우리 아이가 생선을 좋아해서요

뼈를 바닥에 붙인 반쪽은
더욱 놀랍습니다
장병들이 목구멍을
기어 올랐습니다

반 밖에 먹지 않았는데 뭘,

어금니로 다스리길 잘했습니다

나를 느낀 제수씨가
자꾸 식사를 권했습니다

관광버스가 돌아왔습니다

아내의 얼굴에 단풍이
들었습니다

나는 접시에 엎드린 갈치
뼈 였습니다

깊고, 어둔 밤이였습니다

흥정

석남사 입구
방금 캐온듯 취나물
몇묶음
플라스틱 소쿠리에 담아놓고
찢겨진 바지를
쫑쫑 꿰메는 할머니 앞,
무단 정차한 차문 너머
쏘옥, 머리만 내민 사모님
산나물이죠,
예예 방금 뜯었습니다
오천원 한소쿠리에 한줌
끼워달란다
할머니는
끼워줄수 없다며,
손사래를 친다
나물값은 공짜라서
품삯만 받는단다

사모님은 비닐하우스의 취나물,
산속의 장뇌삼을 안다

할머니가 취나물을 담는동안

사모님은 산나물 값을 낸다

뒷기미 나루

강은 푸릅니다
고구려의 물길입니다
남천강과 낙동강이 만나
애돌아 흐르는 뒷기미
나루를 잘 보십시오
산새 소리에
나뭇잎이 춤추고
말달리던 할아버지가
보입니다
빨래터의
슬픔은 왜 저리 깊은가요
강따라 물따라
구성진 노랫가락이
사람살이 인가요
물길따라 흘러온 고구려의
사연들로 강물은 푸르지요
가슴 깊습니다

애완견

개새끼, 하고 몽둥이를 들었던
사람이
강아지를 키운다
강아지가 안방에서
아이들을 품었다
아이들이 벌벌뜬다
강아지가 깔깔 웃는다
몸을 씻은 아이들을
강아지가 고른다
윙윙, 드라이가
아이를 말린다
웃음이 떼구르르 구른다
숨을 고르던 막내가 짖는다
연속극이 흐르는
초저녁,
애완견이 된 아이들

고추밭에서

고추는 제 몸에 벌레를 키운다
독한 매운맛을 숨겼나
실오라기 같은 벌레를 품는다
벌레들이 조금씩 자라
견딜 수 없어 하는 동안
조용히 저가 빛을 놓는다
가을은 붉게 부릅뜰 수 있으나,
농부가 안타까워 할때
잎을 놓는다. 그대로 붉기만
해도 매울 텐데,
고추를 따다가 숭숭 뚫린
구멍을 보면
덜 자란 애벌레 몇,
빼꼼이 내다본다

피돌기

가을이면
발이 푹푹 빠지는
초가지붕에
보름달을 벤
박이 달렸습니다
어머니가 커다란 함지박을
이고 오신 장날은
하얀 연기가 굴뚝에서
펑펑 터졌습니다
문틈으로 달려드는
냄새에
피돌기 하던
따뜻한 아랫목이
있었습니다

흠

그의 말에
네네 합니다
거른말과
기분나쁜 말에도
네네 합니다
그러나 크게
꼭 네, 하는 곳이 있습니다
넌 어찌 그 모양이야
반듯함도 때론 흠이 될수
있어, 하는 그곳
그곳에 내 가장 큰 목소리를
쏟습니다
내, 언젠가 터를 잡을 그 자리,
강바람이 모래 언덕만
쌓았지만,
흙냄새 풀풀 풍기는
그 자립니다

아버지

면 서기 김씨는
자전거로 출근을 한다
면 소재지 까지는
인도가 없어
차도로 출근을 한다
비 오는 날은
버스를 타고 싶지만
어린 김 주사도 만나고
부 면장도 만날까봐
그냥, 자전거를 탄다

아저씨

한술 뜹시다
아지매가 나직히 아저씨를 불렀다
당신은 사랑방에 누워있으므로,
숯막같은 아지매가 무친것은
꽃핀 상추를 절인 겉절이,
펄펄 살았다
아지매를 놀릴 마음으로 누운것은
아닌데,
아저씨는 숨을 거두셨다 그것은
가끔씩 잊고 산것은
여든 넘은 삶의 동력이었다
들숨없는 당신을 들쳐업고
사람 살려유
꿈뜨고 뜨겁다
까악까악 기침이 마르다
당신 한몸 돌보기엔 수수같은
팔순 아지매,
그래도 그 아지매

영정앞에 담뱃불 붙인다
아저씨는 어쩔줄 몰라하는 나에게
껄껄 웃으며 활짝 반긴다

모임을 주선한 아저씨,

복날 1

내가 어렸을 때
똥을 누면
마당의 개가 와서
먹었다
개는 늘 똥을 먹고
살이 쪘다
복날은 아버지가
개고기로 보신을 했다

똥이 보약이었을까
개 먹고 살찐
아버지,

때 미는 기쁨

사장은 때를 직접 밀지 않는다

그들은 저 설사와 구토가 변하여 나는
구린 자국을 밀어내는 기쁨을
모른다

덧 바른 분장을 지우는 행복을,
양변기에 앉아, 보는 변의
즐거움도 잊어간다

빠른 손놀림으로 아직은
때를 밀리지만, 아주 밀어내야 하는
곳을 지나칠때는 유쾌하지
못하다

한근두근 잘려 나가는
저울의 눈금같은
손님이 된다

채식

채식이
몸에 좋다고
채식을 주로 하려면
고기 먹기도 쉽지 않겠다 싶어
자주
고기를 먹었다

요즘
고기먹을 일이 많아졌다
고기집에서
자주
모임을 한다
함께 채소가 나오지만

나는
채식으로 몸을 돌본 게 아니라
몸에 좋다며 늘
고기를 먹은 셈이다

우리집

재혼한, 아버지는 외출 중이었고
계모는 중풍으로 누워 있었다
밥상 위 먹다만 게장에는
파리가 파티를 하고 있었고
티뷔는 세세세 저 혼자
돌아가고 있었다
마루에는 청첩장이
서넛 널려 있었고
빨랫감이 벽에
주렁주렁 걸려 있었다
지린내와 구린내가 주는
역겨움 속에
이를 악다문 계모가 자꾸,
천정에다, 말을, 건다

김씨의 음식

김씨의 음식은 달다

정화조를 편다
호오스를 요리조리 옮긴다
무럭무럭 구린내가 자란다
간간이 건더기가 빨려든다
삭지 못한 생똥이었다

그 날것에 생명을 심고
내 가족이 연꽃처럼 피었다
지푸라기를 잡듯
생똥을 오뎅처럼 잡았다

맛중의 끝맛은 구린 맛,
구린내를 막걸리같이
꿀꺽꿀꺽 삼킨 김씨,
그러나
배탈없이 눈똥은 달았다

단똥을 편날

김씨의 음식은 달았다

틀니

어머님이 틀니를 하셨다
잇몸이 벌겋다
그 고르고 하얗던 이빨이
다 문드르지도록
어금니를 깨무셨던게다
남을 헐뜯어
새끼를 먹이지는 않으셨기에
단단히
신경 치료를 하셨다
하얀 틀니를 물고
저 벌건 잇몸은 시리지 않으실까
깊은 물, 얕은 물,
오물락 오물락,
지팡이 짚고
건너신다

달걀

바구니에 담긴 노란 달걀
둥그스럼하여 무난해 보인다
계란이 이룩할수 있는 생산은
여러가진데
매끈하게 완숙인가요
심장이 뛰게 할수도 있는
연약한 것
마지막 햇살같은
체온이 전해지면
끝내 지어질수 없는 이름
으로 곰곰 묻네요
둥그렇게 담겨 있는
노란달걀,

바람의 길

태풍이다 종일
바람이 불어 길을 내었다
눈을 떠도 어두운 바람의 길,
고래 등 같은 삼간집을 밀었다
놨다 거침없다
단단한 재살을 헤쳐 바람을
맞았을까
시름이 덜하면 어두움도 어눌하다
짐짓, 자리를 정돈하는 밤을
지나,
새벽이 오는 소리, 푸르고
분명해서
내 마른 등이 가렵다
바람이 잔다 싶었으나
아직도 훅훅, 몸을 비튼다

잠을 자며

잠을 잘 때 나는 자주
꿈의 세계에 닿아 있다
눈의 기억 다 닫혀버린
캄캄한 밤, 물안개 가득한
호수에서 실로폰 같은
물잠자리를 본다
바닥의 내 기억이 찰랑댄다
내 영혼의 호수엔 푸르고
싱싱한,
유영이 파닥파닥 한
붕어같다
익명의 몸짓이 달다
나는 자주 잠을잘 때
익명의 그들과 가족이 된다

자물쇠

벽과 문 사이 그가 녹슬었다

경계를 드나들다
몸으로 불쑥, 버티던 그가

바람결에 길을 주고
캄캄한 손으로 별을
가린다

틈에 구부러진
시간을 기다린다

벽과 문사이 경계를
지우는 일,
바람이던 별이던
상관치 않을련다

밥 한공기

밥 한공기에
개가 꼬리를 친다
밥 한공기로 채울수 있는
꼬리는 짧다
밥 한공기의 보답으로 개는
요리조리 재롱을 피운다
꺼진 배도 채울수 있는
밥 한공기,
그것은 더욱 귀한 하루의
먹이었다
밥 한공기는 그의 생명이다
어떤 각도 오뚝하게 세울수 없는
사료였다
그가 개일수 있는 먹이었다
개는 주인만 먹고 산다

술 안주

아들이
장애아라며
소주잔을 든다

안주가
장애아라니,

안주없는
술은
마실수 없는
아저씨,

2

밀양에 사는 이유

늦은밤, 티브이 생각에
잠을 설친다
세상사는 이야기 속의
형님은 돈을 벌고
매부는 학위를 받았다
한 번도 뜨거웠던적 없는
나는 한숨에 잠들지 못한다
어떤 날은 비가 왔고
달리지 못했다
변명 못하는 나에게 아내는
핑계를 댄다
파뿌리를 염색하는 게
서로 행복이라고,
나는 죽음보다 깊은 잠을 청하는데
기와집을 자꾸 짓고 허문다
전도연이 상을 받은
밀양에, 살고 있는 이유를
이렇게 설명하고 싶을
때가 있으니,

정류소

에어컨이 시원찮다고 투덜대던
아가씨
버스에서 내리자마자
공중 화장실에 뛰어들었다
물끄러미 지켜보던
운전석의 기사가
돋보기를 밀어 올리며
저런, 저런, 환풍기도
없는 곳에 들다니
중국산 변기통이 꽤 바랬을 텐데,
애라이 성미 급한 아가씨야
접이 부채라도 하나쯤 들고
가야지,

출발

나는 그 말을 듣고
꾸벅꾸벅 졸았다

시장의 질서

그는, 오늘도 시장의 질서를
익힌다
다라이를 무기로, 시장에서
여러 전쟁을 했다
생선이나 건어물, 그 단단한
몸으로, 부딪쳤다
오월은 모종을 담은 다라이를
꽃피운다
바쁜 도시인의 불감증을
탓하면서,
그는 다라이를 비운 적이 없다
자리를 잡거나 칸을
지르지도 않았다
문을 닫은 일은 더욱 없었다
그게 시장의 질서였다
그가 익힌, 몸짓이었다

가을하늘

넥타이를 맨 청년이
핸드폰을 받는다
기우는 구두 뒤축에
그림자가 삿대질을
한다
어디야
빌딩 근처
말은 그림자가 대신한다
조금만 기다려 곧
붙는 다니까
분수대 곁 햇볕이
청년은 따갑다

그림자가 청년을 툭툭 친다
청년이 불쑥
그림자를 잡아당긴다

빌딩은 오를까

다른 도시로 가봐야 할까

저, 가을 하늘은 높다

회갑소녀

작고, 아주 젊어 보이는
아주머니,
내가 바짝 다가가 차를
권하며
사십대, 했다
손사래 치는 얼굴이 붉어진다
오오 죄송해요, 그럼
오십대 초반, 했더니
아니, 귀에서 말이 나온다
입이 귀에 걸린다
다음을 여쭐 말씀이 끊어져
회갑의 소녀를 어찌
시중할까 싶다
곤추앉은 정갈한 등 너머,
호호, 연신 소녀의 귓볼이
붉다

쓴 말

쓴 글을 아내에게 보였다
딴에는 간을 치고
데운 시였다
아내는
몽땅 연필로 쓴
이면지도 아깝단다
끼니 때마다 먹는 밥도
달래가 있는데,
밤새 지지고 볶으면
뭐하냐고,
수저가 닿는 밥상은
차릴수 없냐고,
쓴맛을 누가
약 대신 마시겠냐고,

훈장

대문간의 개를
어르며
머리를 쓰다듬는다
몽땅 손으로 흥정하며
입 맞추는 개장수,
그는 왼 손가락이 없다
몽땅 손이 훈장이다
깊은 우물 길고 있을 새벽,
아이 둘
고물고물 두레박 질 할까,
성급하게 목덜미를
잡았던 손,
도사에 건너 준 손가락,
그 훈장 30년,

마지막 회식

살기위해 먹는다는 생각이
딱 들어맞는 상가喪家
갈일 많은, 장소는 달라도
검은 시중과
절편, 편육이 전문 메뉴인 식당,
음식은 한결 같은데
제 값이 다른곳,
선물로 꽃을 보내는 이,

몸부림으로 목 놓는 이,

허급지급 응급실에 실려가는 이,

아예, 하얀 봉투를 내미는 이

모르는 문상객들과 눈맞춰 가며
자꾸, 산자의 안부를 묻는 상가喪家

고인과 나누는 마지막 회식,

눈높이

우리집 식구는
정신 연령이
비슷하다
누나와 난
어른같은 애란다
아빠 엄만
동심인데, 솔직히
말하자면
나이값
못한다

고구마를 캐다가

밭골에 토실한 고구마 한알,
알몸을 살짝 보았다
새도 나비도 아닌것이
어떻게 깃들었을까
골에다 몸을 숨기고
고구마를 길렀을
어머니가 그립다
두에 들지 못하여
허구한 날 잡초였던
호미가 보인다
당뇨병을 숨기기 위해
어머니가 걸터 앉았을
고구마 골을 보았다

모과

모과는 아직도 쑥스럽다
얼룩무늬 가지에 꼭지를 달고
바람 많은 잎새를
요리조리 숨긴다
어쩌다
살짝 치맛자락이 나부끼면
얼른 가슴부터 여민다
매미가
푸른 줄기를
하얗게 불러도
얼굴한번 들지 않는다
저 뿌리 하나 믿고
오르내리던 꼬마,
상여타고 간 것이
이십년인데
아직도 모과는 쑥스럽다
그러기에
여름 내내

얼굴 내 놓지 못한다
스스로 잎 지는 가을이면
살짝, 드러나는 가슴 정도일뿐,

부부 2

섬에서,
배가 끊겨,
방 한 개를,
잡았습니다

아직도
막배를 기다리며
삽니다

하루살이

하루 살이가
밤,
고속도로를 질주하는
자동차에
뛰어들었다

생명을 걸고
뛰어든
무수한 그들,

저들이
이루고자
했던 하나의
길,

일용직

낮달 같은 허연
다리를
슬쩍
입질하는 모기

살이라고는
하나없는
내 종아리에서
저들은
남새를 거둔다

잘라야 하나?

쉼 없는 저
입질을,

두루미

그녀가 앉은 논의 모가
유독 푸르다
세상을 다 검게
칠할수 있어도
높은 눈빛과 찬 고독은
어쩔수 없는것,
그러나 세상에서 제일 큰
박수를 기다린 듯
무정란을 품은 소나무
우듬지의 노송같은 새,
대한의 오기같은 몸속의
저 슬픔,
외발에 주둥이를 묻고
꺽꺽, 얼음같은 울음을
우는 새,
목을 늘 곧추 세워도
푸른논은 말이없다
검은 밤 눈 떠 우는
올빼미 같을 뿐,

복날 2

장정들이 개를 팬다
아낙이 개를 잡는다

왜정시대, 부역할때였다
삽질이 서툴다고
폐앓이가 자랑이냐며
순사가 작은아버지를 팼다
책임은 아버지가 진다기에
나는 순사를 팼다
바위를 찟듯
곡괭이로 앞잡이를 팼다
부역하듯 종일 팼다

흥분한 순사들이 아버지를 팼다
앞잡이들이 어머니를 팼다
북어를 패듯,

눈알이 붉은
개가 거품을 문다

벚꽃

지는 꽃잎
말씀으로 듣고
나,
다시는
보채지
않을래

당신을,

방값 아끼려다

영국에 유학을 갔습니다
기숙사 버리고 교수님의
주택에 살았습니다
정원을 가꾸고 잔디를 깍는
일은 방값 이었습니다
아량 넓은 신사의 나라였습니다
파릇파릇한 잔디는
깎고 또 깎았습니다.
아, 그런데 잔디를 깎고 정원을
돌보는 일이 그리 쉬운
노릇입니까
한 달, 두 달에 한번 깎는 국산
잔디야 취미였지만,
일주일에 한번, 삼사일에 한번
깎는 우기엔
자라는 잔디가 눈에 보였습니다
신사의 나라에서 잔디 깎을
마음 접고

하숙을 구했습니다
손 흔들며 작별하는
교수님,

날보고 빙그레 웃었습니다

선물

어버이날, 아이가
불쑥, 내민다
십원짜리 동전 한줄 두줄
백원짜리 주화 한줄
천원짜리 지폐 몇장
마지막 삐뚤삐뚤 눌러쓴,
아빠 엄마, 낳아 주셔서 감사합니다
공부를 못해서,
그리곤 말이 없다

불쑥, 무례한 행동이
가슴설렌다

곡강 曲江

알 전구에 어둠이 타는 마을,
컹컹 개 짖는 소리가
숭늉같다

아랫마을 지나, 다리건너 오는
귀가를, 늦은 개가 짖는다

그믐같은 발설음 조심하라고
일흔청년 잔소리 한다

구름속 하현달, 유난히
오래 머무는 밤,

숨박꼭질

장마비가 그치면

엄마는

불은 냇물에 발을

푹 담그고

빨래를 씻는다

구름 사이로 얼굴

간간히 내미는

상현달도 얄밉게,

등물을 하며,

암

아내가 섧다
일년은 살수 있대도
아내는 섧다
링거 방울로 셈이바쁜
나를 두고,
삼백예순다섯날이
아내가 섧다

울다가 자다가
지쳐 잠들면
창너머 밝게 솟은
지난밤의 꿈

다시 섧다가 문득
아내가 섧어서
내가 섧다

밤에 홀로 남겨질
어둠이 섧다

낯선 길

회관 앞 빈집에 이사를
오는지
짐차가 들락날락 한다
늘 숭숭하던 가슴을
데우는 일에
마을이 길을 내준다
그 터, 꽃송이 피운다면
꿀벌 모여드는
향 짙은 봄이 오겠다
저, 낯선길을 터 주는
마을에,
할머니 한분
고개를
빼꼼이 내민다

3

패랭이꽃

패랭이꽃이 피었습니다
지난해 모양으로 피었습니다
눈에 익어 청초합니다
봉분 곁, 옥양목, 단정한 머릿결
갈래 피었습니다
칼바람 이기고 거듭난 것이 애타게
솔잎을 부릅니다
수산에서 곡강까지 봄입니다
나도 피었습니다 아침은 늘
새롭습니다
오늘은
저를 죽인 어제의 미랩니다
밤이 지나고, 밝았습니다
이슬 받고 피었습니다

마음의 모양

마음이란걸 들었다
무뚝뚝한 말에
궁글궁글 투명한
리듬을 빚는것,
말 중간에 괄약근을
조였다 놨다
배꼽에 힘을 주고
코로 피리 부는 것
뿌연 안개 같으나
손에 잡히지 않는 것,
칭얼대는 당신
같은 것
그게 마음이라
들었다
모양이라 들었다

어머니의 밥

불을 지핍니다
장작이 탑니다
타닥타닥,
마른 몸에서 밀어내는 힘이
뜨겁습니다
아궁이에 꽃이 핍니다
눈물이 납니다
김이 납니다
뜸냄새 가득합니다
어머니가 끓습니다
마을이 고소합니다
어머니가 피워낸
밥입니다

막사발

참 오래토록 견뎠구나
민살 무늬 막사발,
황소발 같은 껍질이 터지고
이빨이 빠진 채
돌담위에 있다
어머니의 손때 묻은
막사발
불룩하니
오랜 세월을
가슴에 안고
돌아눕지 않는다
애호박 하나 덜렁 거리는
돌담에서
유년을 닦고 아꼈던
막사발,

보조의자

사각식탁에서
다섯 식구가 밥먹을려니
의자한개 모자란다

보조의자에 막내가 앉으려니
아빠가 한사코 말린다

등없는 보조의자는 아빠가 앉아야
한다고, 그래야 식구들이 등을
기대고 앉는다고,
방학은, 아빠를 기대고 앉으라고,

처방

아는 약국에서 보았다
몸이 아픈 할머니께
약사는
할메, 아프면 죽어야 된다
죽으면 되는데 무슨 걱정이고
늙는것이 병 아이가
맑은 정신으로 생각지 말고 늙는
만큼 끈을 놓아야지 한다
세월의 흔적이 할머니를 훑고있어도
정신은 초롱 같은데
아프면 죽으란다
그래 자는 잠질에 가야 될낀데,
농담하듯 어리광 부리듯 그렇게
말을 주고 받는다
친구처럼 오고가는 말속에서
마음이 녹는걸까
용하다고 소문이 났다

버스 종점이 떠들썩해,

장날 같았다

자갈치 시장

할머니의 어설픈 손놀림이

파도를 만든다

파리가 윙윙거리는

뚝배기와

도마에 드러누운

갈치,

갈치는 할머니 곁에서

맑았다 흐려졌다

그 날이후 처음 왔지만

쉼없이 파도를 만드는

할머니,

동문서답

처갓집을 수리 할려고 촌엘갔다
장인어른이 팔을
크게 벌려서 여기
저기를 잰다
나는 손뼘으로 요것조것을 쟀다
구경온 사람들이
저마다 거든다
사위도 자식인데, 의논할 일이 많구나
나는, 사위에게 시킬일이 많구나로
고쳐 들었다
아랫채를 지어 방을 넣으면,
추석 명절에 자고 갈수 있는데,
처남의 발화된 말은 또렷했다
나는 당황했다, 그 순간 머리속에서
우르르 돈더미가 무너졌다
애야 자형(매형) 점심 대접해라
장인 어른은 체면치레를 했다
다음에 대접하죠

약속이 있어 가야 합니다
처남은 정치를 한다
점심먹을 시간이 없구나
나는 싹둑 작두질을 했다

봉사도 기름값
내야하나.

진실 2

내가 나를 얘기할 때
너는 말했지
변명하지 마라
너가 너를 말할 때
나는 말했지
그랬었구나

그런데 말이야
너하고 내가 함께 있을때
가재는 게 편이었지

같이있다 너가 빠지면
나는 말했지
음모가 있었군

함께있다 내가 빠지면
너는 말하더군
개인적인 사정이 있을거야

초사흘

그물코가 뚝뚝 끊어질듯
차, 오르던 숭어는 가고
낡은 배 한척
바람에 삐거덕 거린다
노을이 벌겋게 내린
강은, 몹시 출렁인다
청둥오리 푸드덕
강을 가르며 날아올라
어둑한 하늘에 별이,
튀밥처럼 터진다

말의 꽃

풀밭에서 민들레가 피었다
방앗간집 둘째딸 같은,
풀잎사이 방긋한다
그리고 주저 앉는다
굽이 낮아서 좋다
원피스가 곱다
어쩌다 나를 본
그녀가 수줍다
풀밭에 몸을 누이고 데굴데굴
뭉개구름을 그린다
까르르,
별이 산을 내려온다
바람결에 묻은 쑥 냄새를
맡았나 보다
내가 민들레를 그렸다

숲

토끼 한 마리로 짙은 숲의
녹음을 셈하려 했다
숲은 미루나무처럼 흰 잎을
보였으나, 이내 우우,
낮은 음계로 다가 왔다
토끼 한 마리로 숲의 깊이를
헤아렸으니
산도 어지간히 낮게 드리웠던
것이다

입춘

바람난 마누라 패 듯,
패던 사장이 지쳐
제풀에 그만 두잔다
월급제로 꼬박꼬박 일 하거나
사장의 셈에 가게를 인수해야
옳은 종업원이란다
물밑을 다 헤집다
물위에 나와서 숨쉬는
숭어처럼,
사장은 뻐끔뻐끔 등을 내민다
그만 두래서, 가게를 마련
했더니,
북어 패듯 한다
순간, 속살 발라먹은
생선뼈같이 던져버린다
직장은 발가
벗겨 두들기는가

입춘, 많이
풀렸다

뼈

식탁엔 산해진미가 어엿하다
달력을 보다
생일이란 표시에 눈이 갔다
멀리 있어도
아이의 생일은 챙겨야 한다는
아내의 말에
큰 애가 좋아하던 미역국을 뜨는데,
둘째의 갈비찜이 젓가락을 잡는다
식사의 구색이, 아이에게 미안하다
울컥, 목이 메인다.
눈물이 핑돈다
넌지시 휴지를 혓바닥에 대고
눈물을 찍어내는 아내는 맵다
생선뼈를 꽉꽉, 어금니로 다지는
나도 맵다
핑계로 눈물을 훔치며 먹는
땡고추가 더욱 맵다

어버이 날

아버지
떠나신지 30년
봉분위 수풀만
수북합니다

비오고 바람부는 날도
먹고살기 바빴습니다

돌보시라던
할아버지 산소도
돌보지 못하고
풀만 무성하게
키웠습니다

밤낮 가리지 못해
오늘도 어둡습니다

달

시내에서 일하다
집에 돌아오는 어귀 다리에서
마주친 어른의 얼굴이 검다
아는 체 웃음을 지을 때
여기는 차고 썰렁하다
사람을 피하여 조용한
시골에 묻힐려면,
이웃이 아주 가고, 폐가가
늘지만 그러다 나팔꽃이 피고
감이 익어 저문 강에서 숭어를 건져
소주잔을 기울일 때
곡강에, 별이 돋는다

강을 듣다

몸은 뒤뚱뒤뚱 오리걸음 되었으나
머리는 아직 머리카락에 홈을
파고 있으니
가슴에 쩌억쩍 금이 간다

아들 며느리가 날더러,
이제는 일선에서 물러나
쉬엄쉬엄 하란다
부르면 와서 도장이나 찍으며,

힘든 세상 내려놓고, 사는 날까지
밤에는 시를 읽고 낮엔
강을 들을까 보다
주일에 한 번쯤은 잔도 꺾으며,

거북

앞만보고 열심히
기었던가
그리고 얼마나 간절히
하늘을 빌었을까

깊은 물길에 쌓인
용궁에 이르느라 거북은
네 발이 닳았겠다

기어서 닿지 않으면,
헤엄쳐 이루어야 할
용궁은 어디일까

스스로 왕인 제가
한없이 행복하겠다

사위

결혼도 사업이라던
사위,
언덕을 장인이라
생각말게
장인을 비비지 말게
고명딸 데려간다고
나귀 탄 나리처럼,
거드럼 피우지 말게
이제, 한번이라도
고삐놓고 걸을수 없겠나
나무이고 싶고
봄비이고 싶은 나귀,
나귀도 때론,
혼자피는
꽃이고 싶다

월급

돈을 찾을려고
은행문을 당겼다
미세요, 라고 쓴 문을
자꾸 당겨진다
약속이 없어
바쁠것도 없는데,
서둘러 당긴다
믿지 못할 문이었을까
내 얼굴에 비친
유리가 마르다
나는 비 갠 등산길의
지렁이가 되었다
게 눈같은 '대리'를 향해
와락, 말했다
현금으로 주세요

핵가족

초등학교땐 쌀밥 싸오는 놈이
부러웠지

중고등학교땐 자전거 타고
통학하는 놈이 돼보고 싶었고

대학땐 하숙하는 놈이
부럽더군

이젠, 오순도순 한집에서
사는게 부럽다네,

아내의 기도

자고 있는 가족을 향해
절을 올리며 기도를
하는 아내,
기도를 마치면
그 기를 꼭 문자로
전해주는 아내,
무릎이 아파 요즘은
절을 할 수 없다
몸 수고 없는 기도는 기도가
아니라는 아내,
다리를 밀고 다니며
온몸으로 기도를 올려
집안이 반질반질 하다
닳은 양말을 갈아 신으며
때가 꼈다고
한쪽이 먼저 닳는다고
그러면서도
아내는 믿는단다

제일 큰 백은
부처님 이라고,

영안실에서

문상객이 수저를 든다
상주들도 밥을 먹는다
아기는
물끄러미 엄마 젖을
빤다
빙그레 웃는 영정이
맥주를 권한다
단순하게 접은
생은
눈이 그윽하다
맥주를 마시며
수육을 줍는 손,
무겁지 않다
웃음 띤 영정,
문득, 그를 기억한다
모두가 눈이 닮았다.

사랑

한 번도 보지 못했습니다
그냥 느낌 이었습니다
머리와 가슴의 거리가
이토록 아득한데,
거리를 어찌 재겠
습니까
눈으로 듣고
귀로 말하는 것이,
그 이상은 나도 어쩔 수
없습니다
시간과 기억의 두께만
가슴에 쟁였습니다
이르는 곳까지
발걸음이
같았을 뿐입니다

해설

고향에 돌아와 읊는 '신新 귀거래사'

강희근 (시인, 경상대학교 명예교수)

1.

오삼록 시인의 제 11시집「바람의 길」은 고향에 돌아와 읊은 '신新 귀거래사'다. 시인의 고향은 밀양 하남인데 돌아온 곳은 거기로부터 2Km 쯤 떨어져 있는 밀양 초동면이다. 그는 돌아와 시〈밀양에 사는 이유〉를 썼다.

> 늦은 밤, 티브이 생각에
>
> 잠을 설친다
>
> 형님은 돈을 벌고
>
> 매부는 학위를 받았다
>
> 한 번도 뜨거웠던 적 없는

나는 한숨에 잠들지 못한다
어떤 날은 비가 왔고
달리지 못했다
변명 못하는 나에게 아내는
핑계를 댄다
파뿌리를 염색하는 게
서로 행복이라고,
나는 죽음보다 깊은 잠을 청하는데
기와집을 자꾸 짓고 허문다
전도연이 상을 받은
밀양에, 살고 있는 이유를
이렇게 설명하고 싶을
때가 있으니,

-〈밀양에 사는 이유〉 전문

오 시인은 귀향 했지만 온전히 귀향하지 못하고 있음을 보여주는 시다. 늦은 밤 TV 내용에 "잠을 설치고" 아내는 현명한 처방을 내 놓는다. "파뿌리를 염색하는 게/서로 행복이라고," 제시하지만 화자는 "죽음보다 깊은 잠을 청하는데/기와집을 자꾸 짓고 허문다." 도시의, 타관의 삶에 더 집착해 있다. 그러나 독자는 화자의 태도에 절망할 필요는 없다.

전도연이 상을 받은

밀양에, 살고 있는 이유를

이렇게 설명하고 싶을

때가 있으니,

끝 연에서 화자는 영화 〈밀양〉을 떠올리나, 때로는 영화 〈밀양〉 정서에 젖을 때가 있다고 말한다. 밀양 정서란 상실의 극점에서 어찌할 수 없어 주인공 신애, 그 주변을 동그라미처럼 따라 도는 사내, 그런 예측 불가의 현실이 주는 정서로 설명될 수 있다. 그렇지만 그 정서는 오 시인의 시 화자가 항용 갖게 되는 정서는 아니다. '싶을 때'로 제한 된다는 것을 주목해 둘 필요가 있다.

여기서 독자들은 도연명陶淵明, 365-427의 〈귀거래사歸去來辭〉 한 대목을 떠올리는 것이 좋을 것이다.

햇볕이 늬엿늬엿 장차 지려하는데,

외로운 소나무를 어루만지며 서성이네.

돌아가자.

세상과의 교유를 끊어버리기를 바라노라.

세상이 나와 더불어 서로 어긋나니,

다시 수레를 타고 나간들(벼슬길에 나감) 무엇을

구하겠는가.

친척간에 정다운 이야기로 기뻐하고,

거문고와 책을 즐기며 근심을 녹이는구나.

농부가 나에게 봄이 왔음을 알리니,

장차 서쪽 밭에 일이 있겠구나.

간혹 작은 수레를 명(命)하여 타고, 간혹 작은 배를 저어,

이미 깊숙한 골짜기를 찾아가고, 또한 험한 언덕을 지나가니,

나무는 싱그럽게 꽃이 피려하고,

시냇물은 흐르기 시작한다.

-도연명의 〈귀거래사〉 부분

"세상이 나와 더불어 서로 어긋나니/다시 수레를 타고 나간들 무엇을 구하겠는가"라 하고 있다.

세속과는 거리를 두고 "거문고, 책, 작은 배"에 의탁하여 자연에 녹아들고자 하고 있다. 중국 사람들은 지금도 그 1600년 전의 도연명을 기린다. 재작년 필자가 중국의 남부 호북성 무한과 강서성 구강, 여산을 둘러보면서 그 어디 언저리 도연명의 고향땅 한적한 로터리에 도연명 흰색석상이 높다랗게 서 있는 것을 보았다.

중국 땅 시골, 아직 개발되지 않은 공간이었고 그것을 보면서 중국 사람들은 '귀거래사'야 말로 존속 시킬 수 있는 가

치라는 것을 말하고 있다는 느낌을 받았었다.

오 시인의 〈패랭이꽃〉을 읽으면 〈밀양에 돌아온 이유〉가 따로 있음을 알 수 있다.

> 패랭이꽃이 피었습니다
>
> 지난해 모양으로 피었습니다
>
> 눈에 익어 청초합니다
>
> 봉분 곁, 옥양목, 단정한 머릿결
>
> 갈래 피었습니다
>
> 칼바람 이기고 거듭난 것이 애타게
>
> 솔잎을 부릅니다
>
> 수산에서 곡강까지 봄입니다
>
> 나도 피었습니다 아침은 늘
>
> 새롭습니다
>
> 오늘은
>
> 저를 죽인 어제의 미랩니다
>
> 밤이 지나고, 밝았습니다
>
> 이슬 받고 피었습니다
>
> –〈패랭이꽃〉 전문

청초하게 핀 패랭이꽃이 밝은 하루를 약속하고 있음을 노래하고 있다. 봉분 곁에 옥양목 단정한 머릿결이라는 표현이

전통적 정서에 닿고 있다. 여기서 "나도 피었습니다. 아침은 늘/새롭습니다."에 유의할 수 있다. 화자도 피어나 새롭다는 것이 재생이나 부활의 의미를 던져 준다. 수산에서 곡강까지 화자가 살아갈 공간이 다 봄이라는데 미래가 어둡다든지 하는 정서가 틈입할 여지가 없어 보인다. 시인이 살고 있는 공간은 자연이고, 그 자연은 도시나 속세에서 끓고 있는 현안 문제가 따라 들어와 자리 잡을 수 없음을 은연중에 드러내고 있다. 이 정도면 "뜰의 나뭇가지 바라보며 얼굴빛이 흐뭇하네/남쪽 창에 기대어 의기양양해 하니/작은 집이지만 편안한 곳임을 알겠네." 하던 귀거래사 정서에 닿아 있다고 할 수 있다.

2.

오 시인이 귀향한 농촌은 농약으로 피해가 막심한 곳이다. 시 〈유행〉이 이를 지적해 준다.

들판에선
미꾸라지가
배를 보이며 뒤집어졌다

농부는 천연스러웠다
개구리가 죽고 왜가리가 죽는

유행은, 병이 아니었다

상식이었다 위험한 시대를

망해가는 대책 없는 물논이었다

농약을 치는 일이 곧, 해충을 구하는

이로운 것이었다

주사 한 대에 뚝 그치는 몸살기

같은 것이었다

이삭만 고개숙이면 그만이었다

황금물결도 농약이 이룬 유행이었다

어쩌다, 훌훌 일어나는

늦잠 같은 상식이었다

-〈유행〉 전문

따옴시는 농촌이 농약 천국으로 논에서 물꼬에서 강에서 미꾸라지가 죽고 개구리가 죽고 왜가리가 죽는다. 이것은 분명 '망해가는 대책 없는 물논'의 모습이다. 수단과 방법이 어떠하든 황금물결 오곡이 무르익으면 그만이라는 배짱이다. 농민들은 어느새 생물이 죽고 벼논이 누렇게 물들면 괜찮다는 고집 아닌 고집에 빠진 채 헤어날 줄 모르고 있다. 화자는 이를 '유행'이라 한다. 이것을 절묘하게도 '늦잠'과 '훌훌 일어남'의 대조로 읽고 있다. 그리하여 오 시인은 '잠잘 때'의 의

미가 소중해 진다.

잠을 잘 때 나는 자주
꿈의 세계에 닿아 있다
눈의 기억 다 닫혀버린
캄캄한 밤, 물안개 가득한
호수에서 실로폰 같은
물잠자리를 본다
바닥의 내 기억이 찰랑댄다
내 영혼의 호수엔 푸르고
싱싱한,
유영의 파닥파닥한
붕어같다
익명의 몸짓이 달다
나는 자주 잠을 잘 때
익명의 그들과 가족이 된다

–〈잠을 자며〉 전문

시인은 잠잘 때 '꿈의 세계'에 닿는다. 거기서 "물안개 가득한/호수에서 실로폰 같은/ 물잠자리를" 보고 "내 영혼의 호수엔 푸르고/싱싱한 유영이 파닥파닥한 붕어"가 된다. 그것들이 익명의 몸짓이고 화자는 익명의 그들과 가족이 된다.

잠잘 때 시인은 온전한 자연을 만나게 되고 그 자연과 거리낌 없이 어울린다. 시인의 귀향은 그러므로 완벽한 환경에의 귀의가 될 수 없다. 그것이 시인으로서는 난감한 현실이 된다. 그렇지만 시인은 잠 속에서, 꿈속에서 온전한 귀향을 성취한다.

불을 지핍니다

장작이 탑니다

타닥타닥,

마른 몸에서 밀어내는 힘이

뜨겁습니다

아궁이에 꽃이 핍니다

눈물이 납니다

김이 납니다

뜸냄새 가득합니다

어머니가 끓습니다

마을이 고소합니다

어머니가 피워낸

밥입니다

–〈어머니의 밥〉 전문

따옴시의 〈어머니의 밥〉에서 귀향에의 기대치가 드러나고 있다. 따옴시의 정서는 현실 정서가 아닌 것으로 읽힌다. 유년 시절 화자의 어머니는 장작으로 불을 지펴 밥을 지었을 것이다. 장작이 타면서 타닥타닥 소리를 내고 솥에서는 뜸 냄새를 피우고 있었을 것이다.

그 고소한 맛을 화자는 어머니의 맛으로 여기고 있다. 이것은 어머니가 직접 아궁이에 불을 지펴 밥하는 것이라 읽히지 않는다. 유년 시절에 어머니를 회상하며 그것을 환상으로 형상화 하고 있다고 보아야 한다. 시인은 귀향하여 그 어머니가 이룩하던 고향의 삶과 정서를 이상적인 것으로 받아들이며 그것의 현실화를 꿈꾸고 있다. 어쩌면 이것은 시인의 불행 일지도 모른다. 불행이 아니면 현실과 이상의 거리감에서 오는 단절감의 확인일 수도 있다.

그 어머니의 정서는 〈숨바꼭질〉에서도 드러난다.

장마비가 그치면

엄마는

불은 냇물에 발을

푹 담그고

빨래를 씻는다

구름 사이로 얼굴

간간히 내미는

상현달도 얄밉게,

등물을 하며,

–〈숨바꼭질〉 전문

고향의 정서가 유년의 '엄마'를 통해 빚어져 있다. '엄마'는 불은 냇물에 발을 담그고 빨래하고 얼굴을 내미는 상현달이 등물을 하고 있는 평화로움 풍경이다. 이 소품으로 화자는 더 이상 확충할 수 없는 그런 세계를 연역해 내고 있다.

그 확충이 온전한 만큼 현실의 결핍은 엄존하고 있다. 그래도 〈곡강〉은 귀향의 정서를 상당부분 담보해내고 있다.

알 전구에 어둠이 타는 마을

컹컹 개 짖는 소리가

숭늉같다

아랫마을 지나, 다리건너 오는

귀가를, 늦은 개가 짖는다

그믐 같은 발걸음 조심하라고
일흔 청년 잔소리 한다.

구름 속 하현달, 유난히
오래 머무는 밤,

-〈곡강〉 전문

따옴시에서는 현실 정서이지만, 이상적 현실에 오브랩 되고 있다. 저녁에 곡강을 건너면 컹컹 개 짖는 소리가 다정하고 발걸음 조심하라고 동네 노인이 잔소리 한다. 구름 속 하현달은 유난히 오래 머물며 동네의 평화를 지켜주는 듯 내려다보고 있다. 이 시의 장점은 그것이 과거일 수도 있고 현실일 수도 있는 동시적 관점에 놓여 있다는 점이다. 시인이 귀향해온 의미의 한 그루터기를 잡고 있다는 느낌을 준다.

3.

오삼록 시인은 확실히 귀거래사를 읊기 위해 귀향을 선택했다. 그러나 우리나라 농촌의 현실이 그 귀거래사를 온전히 읊도록 내버려 두지 않고 있다. 농촌 사회의 균형 잡히지 못한 삶이라든가 피폐해져가는 생태 환경적 여건이 새로운 현실로 시인의 앵글에 잡히고 있기 때문이다.

그런데다 시인의 오랜 도시적 삶이나 그 의식이 스스로의 귀거래사를 제한하고 있다는 점에 유의할 수 있다.

채식이
몸에 좋다고
채식을 주로 하려면
고기 먹기도 쉽지 않겠다 싶어
자주
고기를 먹었다

요즘
고기 먹을 일이 많아졌다
고기 집에서
자주
모임을 한다
함께 채소가 나오지만

나는
채식으로 몸을 돌본 게 아니라
몸에 좋다며 늘
고기를 먹은 셈이다

-〈채식〉 전문

따옴시는 〈채식〉은 건강식이 채식이라는 점을 환기시키고 있다. 그러면서도 화자는 육식을 선호하고 있다. 모순이다. "고기 집에서/자주/모임을 한다."는 것인데 오늘날 도농을 불문하고 식육식당이 활개를 치고 있다. 그런 상황에서 화자가 채식 지향으로 독야청청 할 수 없음을 고백하고 있다.

이와 유사한 현실을 노래한 〈강을 듣다〉를 보자.

몸은 뒤뚱뒤뚱 오리걸음 되었으나
머리는 아직 머리카락에 홈을
파고 있으니
가슴에 쩌억쩍 금이 간다

아들 며느리가 날더러,
이제는 일선에서 물러나
쉬엄쉬엄 하란다
부르면 와서 도장이나 찍으며,

힘든 세상 내려놓고, 사는 날까지
밤에는 시를 읽고 낮엔
강을 들을까 보다
주일에 한 번쯤은 잔도 꺾으며,

-〈강을 듣다〉 전문

제목에서 '강을 듣다'고 하고 있으나 시인은 실상으로 강을 듣지 않고 있다. 이것이 아이러니다. 시인은 아직도 도시적 삶의 원칙에 동의하고 있다. 시인은 스스로를 일러 머리카락에 홈을 파고 있다고 말한다. 이를 본 아들, 며느리가 "일선에서 물러나/ 쉬엄쉬엄 하란다/부르면 와서 도장이나 찍으며"라 주의를 준다. 그런 뒤에 화자는 "밤에는 시를 읽고 낮엔/강을 들을까 보다"라 스스로 다진다. 다지는 것은 다름이 아니라 온전한 귀거래사의 진입이라고 해석할 수 있다.

오 시인은 그래서 일찌감치 이번 시집의 표제로「바람의 길」이라 한 것일까? 그가 귀향한 농촌의 오염과 생태적 변이에 찌들고 있음을 미리 간파한 것이라고 할 수 있다. 시인은 이제 어찌할 것인가? 그 대답은 시인만의 몫이 아니다. 시인과 농촌을 이루는 사람들과 우리 독자들이 함께 헤쳐 나가야할 과제인 것이다. 시인은 그 과정을 솔직히 드러낼 뿐이다. 다만, 독자로서는 시인이 귀향을 결단한 실존의 길이 그 실존 안에서 소정의 성취를 이룩하길 기대할 밖에 없다. 다음 시집에서 우리는 그 윤곽을 잡을 수 있지 않을까 한다.

바람의 길

지은이 · 오삼록
펴낸이 · 유재영
펴낸곳 · 동학사

1판 1쇄 · 2015년 11월 10일
출판등록 · 1987년 11월 27일 제10-149

주소 · 04083 서울 마포구 토정로53 (합정동)
전화 · 324-6130, 324-6131 | 팩스 · 324-6135
E-메일 | dhsbook@hanmail.net
홈페이지 | www.donghaksa.co.kr
www.green-home.co.kr

ISBN 978-89-7190-499-2 03810